Stefan Zweig
Sinn und Schönheit der Autographen
Feuilletons

Stefan Zweig

Sinn und Schönheit der Autographen

Feuilletons

Mit einem Nachwort
von Bernd Schuchter

Limbus Verlag

Die Orthografie wurde behutsam den heutigen Lesegewohnheiten angepasst, ohne inhaltliche Veränderungen vorzunehmen.

Gesetzt aus der Baskerville.

Bibliografische Information der Deutschen Nationalbibliothek: Die Deutsche Nationalbibliothek verzeichnet diese Publikation in der Deutschen Nationalbibliografie; detaillierte bibliografische Daten sind im Internet über www.dnb.de abrufbar.

© Limbus Verlag Innsbruck 2023

Druck: Finidr, s.r.o.
Lektorat: Georg Hasibeder
ISBN 978-3-99039-243-0
www.limbusverlag.at

»Abschiednehmen, diese schwere und bittere Kunst
zu erlernen, haben uns die letzten Jahre reichlich, ja
überreichlich Gelegenheit geboten.«

Stefan Zweig bei der Trauerfeier von Joseph Roth

Die Monotonisierung der Welt

der Welt

(1925)

Stärkster geistiger Eindruck von jeder Reise in den letzten Jahren trotz aller einzelnen Beglückung: ein leises Grauen vor der Monotonisierung der Welt. Alles wird gleichförmiger in den äußeren Lebensformen, alles nivelliert sich auf ein einheitliches kulturelles Schema. Die individuellen Gebräuche der Völker schleifen sich ab, die Trachten werden uniform, die Sitten international. Immer mehr scheinen die Länder gleichsam ineinandergeschoben, die Menschen nach einem Schema tätig und lebendig, immer mehr die Städte einander äußerlich ähnlich. Paris ist zu drei Vierteln amerikanisiert, Wien verbudapestet: Immer mehr verdunstet das feine Aroma des Besonderen über den Kulturen, immer rascher blättern die Farben ab, und unter der zersprungenen Firnisschicht wird der stahlfarbene Kolben des mechanischen Betriebes, die moderne Weltmaschine sichtbar.

Dieser Prozess ist schon lange im Gang: Schon vor dem Kriege hat Rathenau diese Mechanisierung des Daseins, die Präponderanz der Technik als wichtigste Erscheinung unseres Lebensalters prophetisch verkündet. Aber nie war dieser Niedersturz in die Gleichförmigkeit der äußeren Lebensformen so rasch, so lawinenhaft als in den letzten Jahren. Seien wir uns klar darüber! Es ist wahrscheinlich das brennendste, das entscheidendste Phänomen unserer Zeit.

SYMPTOME: Man könnte, um das Problem deutlich zu machen, hunderte aufzählen. Ich wähle nur schnell ein paar der geläufigsten, die jedem gewärtig sind, um zu zeigen, wie sehr sich Sitten und Gebräuche im letzten Jahrzehnt monotonisiert und sterilisiert haben.

DAS SINNFÄLLIGSTE: Der Tanz. Vor zwei, drei Jahrzehnten noch war er an die einzelnen Nationen gebunden und an die persönliche Neigung des Individuums. Man tanzte in Wien Walzer, in Ungarn Csárdás, in Spanien den Bolero nach unzähligen verschiedenen Rhythmen und Melodien, in denen sich der Genius eines Künstlers ebenso wie der Geist einer Nation sichtbarlich formten. Heute tanzen Millionen Menschen von Kapstadt bis Stockholm, von Buenos Aires bis Kalkutta denselben Tanz nach denselben fünf oder sechs kurzatmigen, unpersönlichen Melodien. Sie beginnen um die gleiche Stunde: So wie die Muezzin im orientalischen Lande Zehntausende um die gleiche Zeit des Sonnenunterganges zu einem einzigen Gebet, so wie dort zwanzig Worte, so rufen jetzt zwanzig Takte um 5 Uhr nachmittags die ganze abendländische Menschheit zu dem gleichen Ritus. Niemals, außer in gewissen Formeln und Formen der Kirche, haben zweihundert Millionen Menschen eine solche Gleichzeitigkeit und Gleichförmigkeit des Ausdruckes gefunden, als die weiße Rasse Amerikas, Europas und aller Kolonien in dem modernen Tanz.

EIN ZWEITES BEISPIEL: die Mode. Sie hat niemals eine solche blitzhafte Gleichheit gehabt in allen Ländern wie in unserer Epoche. Früher dauerte es Jahre, ehe eine Mode aus Paris in die anderen Großstädte, wiederum Jahre, ehe sie aus den Großstädten auf das Land drang, und es gab eine gewisse Grenze des Volkes und der Sitte, die sich ihren tyrannischen Forderungen sperrte. Heute wird ihre Diktatur im Zeitraum eines Pulsschlages universell. New York diktiert die kurzen Haare der Frauen: Innerhalb eines Monats fallen, wie von einer einzigen Sense gemäht, 50 oder 100 Millionen weiblicher Haarmähnen. Kein Kaiser, kein Khan der Weltgeschichte hatte ähnliche Macht, kein Gebot des Geistes ähnliche Geschwindigkeit erlebt. Das Christentum, der Sozialismus brauchten Jahrhunderte und Jahrzehnte, um ihre Gebote über so viele Menschen wirksam zu machen, wie sie ein Pariser Schneider sich heute in acht Tagen hörig macht.

EIN DRITTES BEISPIEL: das Kino. Wiederum unermessliche Gleichzeitigkeit über alle Länder und Sprachen hin, Ausbildung gleicher Darbietung, gleichen Geschmacks (oder Ungeschmacks) auf Tausend-Millionen-Massen. Vollkommene Aufhebung jeder individuellen Note, obwohl die Fabrikanten triumphierend ihre Filme als national anpreisen: Die Nibelungen siegen in Italien und Max Linder aus Paris in den alldeutschen völkischsten Wahlkreisen. Auch hier ist der Instinkt der Massenhaftigkeit stärker und selbstherrlicher wie der Gedanke: Jackie Coogans Triumph und Kommen war stärkeres Erlebnis für die Gegenwart als vor fünfzehn Jahren Tolstois Tod.

EIN VIERTES BEISPIEL: das Radio. Alle diese Erfindungen haben nur einen Sinn: Gleichzeitigkeit und damit Identität. Der Londoner, der Pariser und der Wiener hören in der gleichen Sekunde dasselbe, und diese Gleichzeitigkeit, diese Uniformität berauscht durch das Überdimensionale. Es ist eine Trunkenheit in allen diesen neuen technischen Wundern und doch eine ungeheure Ernüchterung des Seelischen, ein Stimulans für die Masse und gleichzeitig eine gefährliche Verführung zur Passivität für den Einzelnen. Auch hier fügt sich das Individuum, wie beim Tanz, der Mode und dem Kino, dem allgleichen herdenhaften Geschmack, es wählt nicht mehr vom inneren Wesen her, sondern es wählt nach der Meinung einer Welt.

Bis ins Unzählige könnte man diese Symptome vermehren und sie vermehren sich von selbst von Tag zu Tag. Der Sinn für Selbstständigkeit stirbt ab, die Passivität im Genießen überflutet die Zeit. Schon wird es schwieriger, die Besonderheiten bei Nationen und Kulturen aufzuzählen als ihre Gemeinsamkeiten.

KONSEQUENZEN: Aufhören aller Individualität bis ins Äußerliche. Nicht ungestraft gehen alle Menschen gleich angezogen, gehen alle Frauen gleich gekleidet, gleich geschminkt: Die Monotonie muss notwendig nach innen dringen. Gesichter werden einander ähnlicher durch gleiche

Leidenschaft, Körper einander ähnlicher durch gleichen Sport, die Geister ähnlicher durch gleiche Interessen. Unbewusst entsteht eine Gleichhaftigkeit der Seelen, eine Massenseele durch den gesteigerten Uniformierungstrieb, eine Verkümmerung der Nerven zugunsten der Muskeln, ein Absterben des Individuellen zugunsten des Typus. Konversation, die Kunst der Rede, wird zertanzt und zersportet, das Theater brutalisiert im Sinne des Kinos, in die Literatur wird die Praxis der raschen Mode, des »Saisonerfolges« eingetrieben. Schon gibt es, wie in England, nicht mehr Bücher für die Menschen, sondern immer nur mehr das »Buch der Saison«, schon breitet sich gleich dem Radio die blitzhafte Form des Erfolges aus, der an allen europäischen Stationen gleichzeitig gemeldet und in der nächsten Sekunde abgekurbelt wird. Und da alles auf das Kurzfristige eingestellt ist, steigert sich der Verbrauch: So wird Bildung, die durch ein Leben hin waltende, geduldig sinnvolle Zusammenfassung, ein ganz seltenes Phänomen in unserer Zeit so wie alles, das sich nur durch individuelle Anstrengung erzwingt.

URSPRUNG: Woher kommt diese furchtbare Welle, die uns alles Farbige, alles Eigenförmige aus dem Leben wegzuschwemmen droht? Jeder, der drüben gewesen ist, weiß es: von Amerika. Die Geschichtsschreiber der Zukunft werden auf dem nächsten Blatt nach dem großen europäischen Krieg einmal einzeichnen für unsere Zeit, dass in ihr die Eroberung Europas durch Amerika begonnen hat. Oder mehr noch, sie ist schon in vollem, reißendem Zuge und wir merken es nur nicht (alle Besiegten sind immer Zu-lang-sam-Denker). Noch jubelt bei uns jedes Land mit allen seinen Zeitungen und Staatsmännern, wenn es einen Dollarkredit bekommt. Noch schmeicheln wir uns Illusionen vor über philanthropische und wirtschaftliche Ziele Amerikas: In Wirklichkeit werden wir Kolonien ihres Lebens, ihrer Lebensführung, Knechte einer, der europäischen im tiefsten fremden Idee, der maschinellen.

Aber solche wirtschaftliche Hörigkeit scheint mir noch gering gegen die geistige Gefahr. Eine Kolonisation Europas wäre politisch nicht das Furchtbarste. Die wahre Gefahr für Europa scheint mir im Geistigen zu liegen, im Herüberdringen der amerikanischen Langweile, jener entsetzlichen, ganz spezifischen Langweile, die dort aus jedem Stein und Haus der nummerierten Straßen aufsteigt, jener Langweile, die nicht, wie früher die europäische, eine der Ruhe, eine des Bierbanksitzens und Domino-spielens und Pfeifenrauchens war, also eine zwar faulenzerische, aber doch ungefährliche Zeitvergeudung: Die amerikanische Langweile aber ist fahrig, nervös und aggressiv, überrennt sich mit eiligen Hitzigkeiten, will sich betäuben in Sport und Sensationen. Sie hat nichts Spiel-haftes mehr, sondern rennt mit einer tollwüti-gen Besessenheit, in ewiger Flucht vor der Zeit: Sie erfindet sich immer neue Kunstmittel, wie Kino und Radio, um die hungrigen Sinne mit einer Massennahrung zu füttern, und verwan-delt die Interessengemeinschaft des Vergnügens zu so riesenhaften Konzernen wie ihre Banken und Truste.

Von Amerika kommt jene furchtbare Welle der Einförmigkeit, die jedem Menschen dassel-be gibt, denselben Overallanzug auf die Haut, dasselbe Buch in die Hand, dieselbe Füllfeder zwischen die Finger, dasselbe Gespräch auf die Lippe und dasselbe Automobil statt der Füße. In verhängnisvoller Weise drängt von der ande-ren Seite unserer Welt, von Russland her, dersel-be Wille zur Monotonie in verwandelter Form: der Wille zur Parzellierung des Menschen, zur Uniformität der Weltanschauung, derselbe fürchterliche Wille zur Monotonie. Noch ist Europa jetzt das letzte Bollwerk des Individualismus und vielleicht der überspannte Krampf der Völker, jener aufgetriebene Nationalismus bei all seiner Sinnlosigkeit doch eine gewissermaßen fieberhafte unbewusste Auflehnung, ein letzter verzweifelter Versuch, sich gegen die Gleichmacherei zu wehren. Aber gerade die krampfige Form der Abwehr verrät schon unsere Schwäche. Schon ist Rom, der Genius der Nüchternheit, unterwegs, um Europa, das letzte Griechenland der Geschichte, von der Tafel der Zeit auszulöschen.

GEGENWEHR: Was nun tun? Das Kapitol stürmen, die Menschen anrufen: »Auf die Schanzen, die Barbaren sind da, sie zerstören unsere Welt!« Noch einmal die Cäsarenworte ausschreien, nun aber in einem ernsteren Sinn: »Völker Europas, wahrt eure heiligsten Güter!«? Nein, wir sind nicht mehr so blindgläubig, um zu glauben, man könne noch mit Vereinen, mit Büchern und Proklamationen gegen eine Weltbewegung ungeheuerlicher Art aufkommen und diesen Trieb zur Monotonisierung niederschlagen. Was immer man auch schriebe, es bliebe ein Blatt Papier gegen einen Orkan geworfen. Was immer wir auch schrieben, es erreichte die Fußballmatcher und Shimmytänzer nicht und, wenn es sie erreichte, sie verstünden uns nicht mehr. In all diesen Dingen, von denen ich nur einige wenige andeutete, im Kino, im Radio, im Tanz, in all diesen neuen Mechanisierungsmitteln der Menschheit liegt eine ungeheure Kraft, die nicht zu überwältigen ist. Denn sie alle erfüllen, jedes in seiner Weise, das höchste Ideal des Durchschnitts: Vergnügen zu bieten, ohne Anstrengung zu fordern. Und ihre nicht zu besiegende Stärke liegt darin, dass sie unerhört bequem sind. Der neue Tanz ist von dem plumpsten Dienstmädchen in drei Stunden zu erlernen, das Kino ergötzt Analphabeten und erfordert von ihnen nicht ein Gran Bildung; um den Radiogenuss zu haben, braucht man nur gerade den Hörer vom Tisch zu nehmen und an den Kopf zu hängen und schon walzt und klingt es einem ins Ohr – gegen eine solche Bequemlichkeit kämpfen selbst die Götter vergebens. Was bloß das Minimum an geistiger und körperlicher Anstrengung und sittlicher Kraftaufbietung fordert, muss notwendigerweise in der Masse liegen, denn die Mehrzahl steht leidenschaftlich zu ihm, und wer heute noch Selbständigkeit, Eigenwahl, Persönlichkeit selbst im Vergnügen forderte, wäre lächerlich gegen so ungeheure Übermacht. Wenn die Menschheit sich jetzt zunehmend verlangweiligt und monotonisiert, so geschieht ihr eigentlich nichts anderes als was sie im Innersten will. Selbständigkeit in der Lebensführung und selbst im Genuss des Lebens bedeutet jetzt nur so wenigen mehr ein Ziel, dass die meisten es nicht mehr fühlen, wie sie Partikel werden, mitgespülte Atome einer gigantischen Gewalt! So baden sie sich warm in dem Strom, der sie wegreißt ins Wesenlose! Und sie ahnen nicht die Gefahr dieser technischen Gleichförmigkeiten: dass sie dadurch ihres Eigenwillens sich begeben und willenlose Masse werden, die dann jedem Agitator, jedem Kriegstreiber, jedem Hasardeur der Politik sich widerstandslos in die Hände gibt. So schafft sich Europa durch geistige Resignation sein Schicksal.

Wie Tacitus sagte »ruere in servitium«, sich selbst in die Knechtschaft stürzen, diese Leidenschaft zur Selbstauflösung hat alle Nationen der Weltgeschichte zerstört. Nun ist Europa an der Reihe: Der Weltkrieg war die erste Phase, die Amerikanisierung ist die zweite seiner Selbstaufgabe.

Darum keine Gegenwehr! Es wäre eine ungeheure Anmaßung, wollten wir versuchen, die

Menschen von diesen (im Innersten leeren) Vergnügungen wegzurufen. Denn wir − um ehrlich zu sein − was haben wir ihnen noch zu geben? Unsere Bücher erreichen sie nicht mehr, weil sie längst nicht mehr das an kalter Spannung, an kitzliger Erregung zu leisten vermögen, was der Sport und das Kino ihnen verschwenderisch gibt; sie sind sogar so unverschämt, unsere Bücher, geistige Anstrengung zu fordern und Bildung als Vorbedingung, eine Mitarbeit des Gefühls und eine Anspannung der Seele. Wir sind − gestehen wir es uns nur zu − allen diesen Massenfreuden und Massenleidenschaften und damit dem Geist der Epoche furchtbar fremd geworden, wir, denen geistige Kultur noch Lebensleidenschaft ist, wir, die wir uns niemals langweilen, denen jeder Tag zu kurz wird um sechs Stunden, wir, die wir keiner Totschlageapparate bedürfen für die Zeit und keiner Amüsiermaschinen, weder Tanz noch Kino, noch Radio, noch Bridge, noch Modenschau. Wir brauchen nur bei einer Plakatsäule in einer Großstadt vorüberzugehen oder eine Zeitung zu lesen, in der Fußballkämpfe mit der Ausführlichkeit homerischer Schlachten geschildert werden, um zu fühlen, dass wir schon solche Outsider geworden sind, wie die letzten Enzyklopädisten während der französischen Revolution, etwas so Seltenes, Aussterbendes im heutigen Europa wie die Gämsen und das Edelweiß. Vielleicht wird man um uns seltene letzte Exemplare einmal einen Naturschutzpark anlegen, um uns zu erhalten und als Kuriosa der Zeit respektvoll zu bewahren, aber wir müssen uns klar sein darüber, dass uns längst jede Macht fehlt, gegen diese zunehmende Gleichmäßigkeit, gegen die geistmörderische Monotonisierung der Welt das Mindeste zu versuchen. Wir können nur in den Schatten jenes grellen Jahrmarktlichtes treten, können nur, wie die Mönche in den Klöstern während der großen Kriege und Umstürze, in Chroniken und Beschreibungen einen Zustand aufzeichnend schildern, den wir wie jene für eine Verwirrung des Geistes halten. Aber wir können nichts tun, nichts hindern und nichts ändern: Jeder Aufruf zum Individualismus, zum wahren Europäertum an die Massen, an die Menschheit wäre Überheblichkeit und Anmaßung.

RETTUNG: So bleibt nur eines für uns, da wir den Kampf für vergeblich halten. Flucht, Flucht in uns selbst, *non resistance*, wie sie die Inder heute gegen die englische Zivilisation politisch üben, vollkommene Nachgiebigkeit gegen die äußere, als übermächtig erkannte Zeitgewalt bei eherner Bewahrung des inneren unantastbaren Eigenwillens. Man kann nicht das Individuelle in der Welt retten, man kann nur das Individuum verteidigen in sich selbst. Des geistigen Menschen höchste Leistung ist immer Freiheit, Freiheit von den Menschen, von den Meinungen, von den Dingen, Freiheit zu sich selbst. Und das ist unsere Aufgabe: immer freier werden, je mehr sich die andern freiwillig binden! Immer vielfältiger die Interessen ausweiten in alle Himmel des Geistes hinein, je mehr die Neigung der anderen eintöniger, eingleisiger, maschineller wird. Und alles dieses ohne Ostentation! Nicht prahlerisch zeigen: Wir sind anders! Keine Verachtung affichieren für alle diese Dinge, in denen vielleicht doch ein höherer Sinn liegt, den wir nicht verstehen. Uns innen absondern, aber nicht außen: dieselben Kleider tragen, von der Technik alle Bequemlichkeiten übernehmen, sich nicht vergeuden in prahlerische Distanzierungen, in einem dummen ohnmächtigen Widerstand gegen die monotonisierte Welt. Still, aber frei leben, sich lautlos und unscheinbar einfügen in den äußeren Mechanismus der Gesellschaft: aber innen einzig ureigenster Neigung leben, sich seinen eigenen Takt und Rhythmus des Lebens bewahren! Nicht hochmütig wegsehen, nicht frech sich weghalten, sondern *zusehen*, zu erkennen suchen und dann *wissend* ablehnen, was uns nicht zugehört, und wissend erhalten, was uns notwendig erscheint. Denn wenn wir uns der wachsenden Gleichförmigkeit dieser Welt auch mit der Seele verweigern, so wohnen wir doch dankbar treu im Unzerstörbaren dieser Welt, das immer jenseits aller Wandlungen bleibt. Noch wirken Mächte, die aller Zerteilung und Nivellierung spotten. Noch bleibt die Natur wandelhaft in ihren Formen und schenkt sich Gebirge und Meer im Umschwung der Jahreszeiten ewig gestaltend neu. Noch spielt Eros sein heiter vielfältiges Spiel, noch lebt die Kunst im Gestalten unaufhörlich vielfachen Seins, noch strömt Musik in immer anders tönender Quelle aus einzelner Menschen aufgeschlossener Brust, noch dringt aus Büchern und Bild Unzahl der Erscheinung und Erschütterung. Mag all das, was man unsere Kultur nennt, mit einem widrigen und künstlichen Wort immer mehr parzelliert und vernüchtert werden – das „Urgut der Menschheit", wie Emil Lucka die Elemente des Geistes und der Natur in seinem wunderbaren Buche nennt, ist nicht ausmünzbar an die Massen, es liegt zu tief unten in den Schächten des Geistes, in den Minengängen des Gefühls, es liegt zu weit von den Straßen, zu weit von der Bequemlichkeit. Hier, im ewig ungestalteten, immer wieder neu zu gestaltenden Element erwartet den Willigen auch heute in einer immer mehr mechanisch werdenden Zivilisation unendliche Vielfalt: Hier ist unsere Werkstatt, unsere ureigenste, niemals zu monotonisierende Welt.

Sinn und Schönheit
der Autographen
(1935)

Wenn ich versuche, zu Ihnen über die Schönheit und den Sinn der Autographen zu sprechen, so ist die Ursache, dass weder der Sinn noch die Schönheit dieser geheimnisvollen Kostbarkeiten klar zutage liegt. Bei anderen künstlerischen Gegenständen ist der Sinn gleichsam offen aufgeschlagen, die Schönheit kommt dem Blick unbeschworen entgegen. Ein Bild, von einem Meister gemalt, wir müssen nur herantreten und sein Formen, seine Farben beglücken das Auge; eine Vase, eine kunstvoll getriebene Bronze, ein in Farben leuchtender Teppich, sie haben ihr tiefstes Wesen schon vollkommen erschöpft, indem sie die Harmonie ihrer Schönheit uns entgegenhalten, bei Gläsern, bei Münzen, bei Gemmen genügt es, sie optisch anzuschauen, um schon entzückt zu sein. Man versteht diese Köstlichkeiten und man liebt sie, beinahe ohne zu denken, denn leicht und bezaubernd umfangen sie unsere Sinne.

Eine Sammlung von Autographen dagegen bietet dem Auge zunächst so viel wie nichts. Denn was ist ihr Anblick anders als ein gehäufter

Wust verstaubter, halb zerfallener, beschmutzter Papierblätter, ein raschelndes Durcheinander von Briefen, Akten und Dokumenten? Etwas scheinbar so Wertloses, dass man sich denken könnte, blieben sie zufällig liegen, eine eilige Hand würde sie wegwerfen als etwas Lästiges oder Unnotwendiges. Tatsächlich hat diese äußere Unscheinbarkeit der Autographen im Laufe der Jahrzehnte unzählbare Blätter höchsten Wertes sinnloser Vernichtung anheimgeführt.

Die Manuskripte Shakespeares, seine Briefe, seine Aufzeichnungen, höchste und unbekannte Werte der Musik, neun Zehntel der ganzen klassischen Literatur, viele Dramen von Sophokles und Euripides und die Strophen der Sappho, alle sind nur vernichtet worden, weil der Sinn und die Schönheit solcher heiliger Blätter nicht offen vor den Blicken lag. Denn immer ist eine geistige Beziehung nötig, um den tiefverborgenen Wert dieser Kostbarkeiten zu erkennen. Nur von der Seele her, nicht mittels der gröberen äußeren Sinne, kann die Schönheit und der geistige Wert der Autographen verstanden werden.

Nicht jeder also vermag dies geheimnisvolle Reich zu betreten. Ein Schlüssel muss ihm zu Handen sein, der das Verständnis eröffnet, eine seelische Gewalt muss ihn bewegen und zwar die schönste, die mächtigste, die es auf Erden gibt: Ehrfurcht. Um Handschriften verstehend zu lieben, um sie zu bewundern, um von ihnen angeregt und erschüttert zu sein, müssen wir vorerst gelernt haben, den Menschen zu lieben, dessen Lebenszüge in ihnen verewigt sind. Ein Gedichtblatt Keats' bleibt insolange nichts als ein armes Blatt Papier, sofern in uns nicht schon bei der bloßen Anrufung dieses Namens ehr-fürchtige Erinnerung aufklingt an heilig schöne Verse, die wir von ihm gelesen haben und die unserer Seele so wirklich und gegenwärtig sind wie jedes Haus dieser Stadt und der Himmel darüber und die Wolken und das Meer. Um de-mütigen Schauer zu empfinden vor einem Blatt, wie sie es in diesen Räumen aufgeschlagen se-hen können, vor einer Skizze der Mondschein-sonate, muss einmal in uns diese silberne Me-lodie geklungen haben. Nur wenn wir Dichter, Musiker und andere Heroen des Geistes und der Tat schon mit einer Art religiösen Gefühls empfinden, nur dann können uns die Schrift-spuren von ihrer Hand ihren Sinn und ihre Schönheit offenbaren.

Denn sonderbar zwiespältig ist ja unsere innere Beziehung zu den großen Genien der

Menschheit. Wir fühlen einerseits gewiss, dass sie größer, göttlicher gewesen als wir, die kleinen gewöhnlichen Menschen, wir empfinden sie über uns und das macht uns ehrfurchtsvoll. Aber andererseits empfinden wir auch eine geheime Genugtuung in dem Bewusstsein, dass diese göttlichen, diese übermenschlichen Schöpfer ebensolche Erdenmenschen waren wie wir selbst, dass sie, die über uns sind im Geiste, mitten unter uns lebten, irdische Wesen, die in Häusern weilten und in Betten schliefen und Kleider trugen und Briefe schrieben, und um dieser ihrer Diesseitigkeit willen haben wir eine so fromme Lust, pietätvoll alles zu bewahren, was an dies ihr irdisches Dasein erinnert. Aus diesem stolzen Gefühl ihrer Mitmenschlichkeit lieben wir, was an ihre Gegenwart sinnlich erinnert, darum durchforschen wir die Bücher über sie, sammeln wir ihre Bilder und die Berichte der Zeitgenossen; nichts aber gibt uns so herrlich eindringlich den Beweis ihres schöpferischen Daseins wie ihre Handschriften. Denn in ihnen begegnen wir dem Künstler in seiner wahrsten Form, hier belauschen wir ihn im innersten Raum seines Wesens: in der Werkstatt. Schon Goethe, selbst einer dieser Unsterblichen, hat den »unsterblichen Wert«, wie er sagt, solcher Autographen erkannt und diese Neigung in einem Briefe erklärt: »Da mir die sinnliche Anschauung durchaus unentbehrlich ist, so werden mir vorzügliche Menschen durch ihre Handschriften auf eine magische Weise gegenwärtig. Solche Dokumente ihres Daseins sind mir, wo nicht ebenso lieb wie ein Porträt, so doch gewiss ein wünschenswertes Supplement und Surrogat desselben.«

Ich habe einen großen Zeugen aus dem Geisterreich angerufen, der seine Liebe zu den Autographen als Sammler tätig bezeugt hat, aber Goethe war nicht der einzige, dem sich diese magische Welt erschloss. Johann Sebastian Bach hat Blätter Händels, Beethoven wieder Blätter Mozarts und Schumann wieder Blätter Beethovens aufbewahrt, und Johannes Brahms musikalische Handschriften von ihnen allen. Wunderbar reicht hier eine Kette durch die Zeiten.

Denn immer wird es gerade der Schaffende sein, der die reinste Ehrfurcht für das Schaffen empfindet, nur der Künstler wird jede Liebe auch zu den abseitigsten und wunderbarsten Emanationen der Kunst verstehen. Aber diese Meister haben die Blätter ihrer geistigen Lehrer und Brüder nicht nur als Reliquien bewahrt, sondern vor allem aus der erlebten Erkenntnis, dass in den Autographen und gerade in ihnen eines der tiefsten Geheimnisse der Natur verborgen liegt und vielleicht sogar das tiefste. Denn wenn wir die ganze Welt anblicken mit ihren unzähligen und unlösbaren Rätseln, das tiefste und geheimnisvollste von allen bleibt doch das Geheimnis der Schöpfung. Hier lässt sich die Natur nicht belauschen. Niemals wird sie diesen letzten Kunstgriff sich ablauschen lassen, wie die Erde entstand und wie eine kleine Blume entsteht, wie ein Gedicht und wie ein Mensch. Hier zieht sie unbarmherzig und unnachsichtig ihren Schleier vor.

Selbst der Dichter, selbst er, der dichterische Schöpfung vollbringt, selbst der Musiker wird nachträglich den Augenblick seiner Inspiration nicht mehr erläutern können. Ist einmal die Schöpfung vollendet gestaltet, so weiß der Künstler von ihrem Ursprung nicht mehr und von ihrem Wachsen und Werden; nie oder fast nie vermag er zu erklären, wie in seinen erhobenen Sinnen sich die Magie einer Strophe, wie aus einzelnen Tönen eine Melodie sich zusammenfügte, die dann für Jahrhunderte durch die Zeiten klingt. Hier, ich sagte es, lässt sich die Natur nicht belauschen, hier hält sie streng ihren Schleier vor.

Und das Einzige, was eine leise Ahnung dieses unfassbaren Schaffensprozesses uns gewähren kann, sind eben solche Blätter, von denen Sie hier kostbare Proben sehen, die Autographen.

So wie der Jäger aus flüchtigster Fußspur den Weg des Wildes erkennen kann, so vermögen wir manchmal dank der Autographen, da sie Lebensspuren, Schaffensspuren sind, den Prozess der Gestaltung zu verfolgen, und darum haben sie neben dem Wert der Pietät eine so ungeheure Bedeutung für unsere Erkenntniswelt. Sie sehen hier zum Beispiel ein Blatt aus einem Taschenbuche Beethovens und erblicken damit einen seiner promethidischen Augenblicke. Die eigentliche Inspiration Beethovens geschah fast niemals am Schreibtisch, sondern immer im Gehen, in der Bewegung. Unzählige Male sahen die verwunderten Bauern in der Umgebung Wiens einen kleinen, kurzatmigen Mann ohne Hut durch die Felder stampfen, sie hielten ihn für einen Narren, einen »Trottel«, wie sie sagten, weil er wie geistesabwesend vor sich hin brummte, summte, schrie, sang und mit den Händen wirbelte und taktierte. Plötzlich aber hielt er inne, zog aus der Seitentasche ein kleines, meist schmutziges Buch und schrieb mit raschem Riss und grobem Zimmermannsblei ein paar Noten

hinein. Mit diesen hastigen Zeilen war gewissermaßen der Ureinfall kristallisiert, blitzhaft und
heiß, wie er war, und wir erleben auf einem
solchen Blatt das Wunder, dass, wie durch eine
Röntgenphotographie das sonst unsichtbare
Skelett des Menschen, hier durch die Magie des
Autographs der sonst unsichtbare Augenblick
der Inspiration plötzlich sichtbar wird.

Dann kommen andere Blätter – auch solche
können Sie hier sehen –, auf denen die nur roh
notierte ursprüngliche Melodie ausgearbeitet
wird, geformt, wieder verworfen und wieder
neu gearbeitet. Und den ganzen Seelenzustand
des Künstlers während der Arbeit kann man
dann von Blatt zu Blatt erregt verfolgen. Hier
strömt die Schrift heiß und rasch, kaum vermag
sie dem schöpferischen Einfall zu folgen, dort
stockt sie plötzlich, bricht ab, fetzt noch einmal
an, fällt abermals zurück, und man spürt, hier
findet der Dichter, der Musiker nicht das rechte
Wort, nicht den melodischen Übergang. In dem
magischen Spiegel der Schrift können Sie hier
Müdigkeit gleichsam mit eigenen Augen an-
schauen und dort Erschöpfung, manchmal am
zornigen Riss sogar die Verzweiflung und jetzt
wieder das Sichemporraffen zum letzten, zum
endgültigen Sieg.

Und dann glänzt endlich die Sonne des siebenten Tages, die Welt ist vollendet, das Werk ist vollendet, die letzte endgültige Formel, sie ist glorreich geschaffen; und auch ein solches Blatt können Sie hier sehen in diesem Raum, der dadurch geheiligt ist, die erste irdische Erscheinungsform einer unsterblichen Schöpfung der Menschheit: das Scherzo der Neunten Symphonie oder das »Veilchen« von Mozart in ihrer endgültigen Niederschrift von des Meisters eigener Hand. Hier ist ein unvergänglicher Sieg des Geistes über die Materie sichtbarer als in jeder Erzählung, jedem Bild. Und da Goethes Wort ewig wahr bleibt, dass es nicht genügt, Kunstwerke in ihrer Vollendung zu kennen, um sie zu begreifen, sondern nur, wenn man ihr Entstehen verfolgt, so kann man vielleicht manche literarische, manche musikalische Kunstwerke in ihrer ganzen Tiefe erst erfassen, wenn man dank des Mediums der Autographen ihren Weg und ihr Werden miterlebt.

Aber nicht nur künstlerische, sondern auch historische Lebensaugenblicke vermag man mit Phantasie aus geschriebenen Dokumenten bildhaft zu erkennen. Ist der menschliche Sinn einmal der Phantasie aufgetan und gewillt, jede solche Lebensspur selbst als etwas Lebendiges zu betrachten, so wird uns kein einziges dieser Blätter mehr wie totes Papier, wie ein raschelndes welkes Blatt berühren. Auch das historische Autograph kann manchmal erschütternde Gewalt ausüben, weil aus seinen Schriftzügen eine Szene sich plötzlich plastischer aufbaut, als es Biograph und Dichter vermöchten.

Blicken Sie hier etwa den Brief Beethovens aus seinen letzten Lebenstagen an. Seit drei Monaten liegt Beethoven im Krankenbette, der einstmals feste und schwere Körper ist leicht und schwach geworden wie der eines Kindes, längst hat die abgemagerte blutleere Hand nicht mehr die Kraft, Noten zu schreiben oder auch nur mehr einen Brief. Der Sterbende, der selber nicht weiß, dass er sterben muss, ist gequält von den finstersten Sorgen. Wie soll er leben können, wenn er nicht schaffen kann, wie die Miete bezahlen? Aber da ist drüben jenseits des Meeres ein Land, und er weiß, dort liebt, dort achtet man ihn. Die London Philharmonic Society, sie hat ihn eingeladen, sie hat ihm eine Aufführung und Geld versprochen. So ruft der Verzweifelnde hinüber über Meer und Land um Hilfe, aber er kann selbst die Feder nicht mehr führen, sein Famulus Schindler schreibt statt seiner bis zu den erschütternden Worten: »Ich bin zu müde, ich kann nichts mehr sagen.« Dann reicht man ihm den Brief in das Bett. Mit äußerster Anstrengung malt er mit seinen zitternden, kraftlosen Fingern noch das »Beethoven« unter das Blatt; es kostet ihn mehr Mühe als vordem eine Sonate oder eine Symphonie. Und gerade diese bebende, qualvolle Unterschrift muss für jeden fühlenden Menschen Erschütterung sein, denn nicht nur Beethoven hat diese Buchstaben geschrieben, hier schreibt der Tod schon mit. Es ist ein gleichsam in Schrift versteinerter Schrei aus der tiefsten Angst der Kreatur, ein unvergesslicher Augenblick, der durch dieses eine aufbewahrte Blatt Papier optisch für uns durch die Ewigkeiten währt.

Und, wunderbarer Kontrast, daneben liegt ein anderes Blatt, die Heiratsurkunde Mozarts. Alles ist darin Leben und Lustigkeit, Jugend und Glück, die Lettern tanzen gleichsam einen bräutlichen Tanz und wir wissen ja, Mozart hat an diesem Tage, kaum nach Hause zurückgekehrt von der Hochzeit, mit seiner jungen Frau wie ein Kind um den Tisch getanzt und getollt, weil er endlich trotz des strengen Vaters und all der Hindernisse sich sein »Weibchen« gewonnen. So kann ein einziges Blatt mit ein paar Schriftzügen gleichsam den höchsten Ausdruck menschlichen Glücks in sich zusammenpressen und das andere den Ausdruck tiefster menschlicher Trauer, und wer Augen hat, solche Blätter richtig anzuschauen, Augen nicht nur des Kopfes, sondern auch der Seele, wird nicht minderen Eindruck von diesen unscheinbaren Zeichen empfangen als von der offenkundigen Schönheit der Bilder und Bücher.

Auf solche geheimnisvolle Weise haben die Autographen die Macht, uns die Gegenwart längst entschwundener Gestalten zurückzubeschwören und wie entlang einer Galerie von Bildern, kann man an diesen Blättern vorübergehen, von jedem anders ergriffen und berührt. Denn bezwingend, wenn man die Schriften von Künstlern, die im Leben einander feind waren oder durch Zeit und Raum voneinander getrennt sind, in einer solchen Sammlung betrachtet, spürt man über Raum und Zeit den ganzen Unterschied schöpferischer Formen und Gestalten und damit die heilige Vielfalt, mit der die Kunst unser Herz zu erobern weiß.

Da ist Händel, groß, schwungvoll, streng in seiner Schrift. Man spürt den mächtigen, starken Mann und glaubt, die kraftvollen Chöre seiner Oratorien zu hören, in denen ein männlicher Wille den wildesten Aufschwall rhythmisch meistert. Und wie beglückend anders daneben Mozarts zierliche, leichte, verspielte Rokokoschrift mit ihren leichten und lustigen Schnörkeln, diese Schrift, die selber Lebensfreude ist und Musik. Oder hier Beethovens schwere Löwenpranke, man sieht wie in einen verwölkten Himmel und spürt die Ungeduld, den titanischen Zorn des tauben Gottes, und daneben, welcher Kontrast: die feinen, damenhaften, sentimentalischen Notenzüge Chopins oder die schwungvollen und doch deutsch-systematischen Richard Wagners. Die geistige Essenz jedes dieser Künstler erscheint in diesen wenigen flüchtigen Strichen deutlicher ausgedrückt als in langen, musikologischen Diskussionen, und sinnlicher als aus den meisten ihrer Gemälde wird das Geheimnis, das herrliche, ihres schöpferischen Wesens offenbar.

Denn, ärmer an äußerer Schönheit, haben die Autographen dem Buch und dem Bilde doch eine ungemeine Tugend voraus: Sie sind wahr. Der Mensch kann lügen, er kann sich verstellen, sich verleugnen, das Bild kann ihn verändern und verschönen, ein Buch kann lügen und ein Brief. Aber in einem ist der Mensch unlösbar an die innerste Wahrheit seines Wesens gebunden – in seiner Schrift. Die Handschrift verrät den Menschen, ob er will oder nicht, sie ist einmalig wie er selbst und spricht manchmal aus, was er verschweigt.

Damit will ich nicht den übertreiblichen Graphologen das Wort reden, die Horoskope auf Zukunft und Vergangenheit in jeder flüchtigen Zeile entdecken wollen – nicht alles verrät die Schrift, aber das Wesentlichste eines Menschen, gleichsam die Essenz seiner Persönlichkeit ist uns doch gegeben in einer winzigen Abbreviatur. Verstehen wir sie so zu sehen, so zu lesen, dann wird uns eine Vereinigung von Autographen unwillkürlich zur einer physiognomischen Weltkunde, einer Typologie des schöpferischen Geistes.

Aber auch eine moralische Lehre an uns alle geht von solchen Blättern aus, denn großartig erinnern sie uns, dass die Werke, die wird als vollendete bewundern, nicht bloß gütige Geschenke des Genius an den Künstler waren, sondern Frucht mühsamer, strenger, aufopfernder Arbeit. Sie zeigen uns die Schlachtfelder der geistigen Auseinandersetzung des Menschen mit der Materie, den ewigen Kampf Jakobs mit dem Engel, sie führen hinab in das innere Reich der Gestaltung, und um seiner heiligen Mühe willen lassen sie uns den Menschen im Künstler doppelt lieben und doppelt verehren. Alles aber, was unsern Blick vom Äußerlichen ins Innerliche führt, vom Vergänglichen ins Unvergängliche, soll gesegnet sein und darum sollen wir diese äußerlich unscheinbaren Blätter um ihrer innern Schönheit nur noch ehrfürchtiger betrachten, denn keine Liebe ist reiner als die zum geistig Schönen. Alle anderen vergehen, nur sie dauert fort und fort im Sinne des Dichters: »A thing of beauty is a joy for ever.« (John Keats)

Anton Kippenberg
(1924)

Wir weltseitigen Deutschen«, sagt einmal Jean Paul, und dies schöne Wort, das seitdem wieder dem Sprachgebrauch verlorengegangen ist, liebe ich sehr. Denn es drückt eine manchen Naturen und gerade deutschen Naturen durchaus eigentümliche Disposition unübertrefflich aus: mit der einen Seite des Wesens (während die andere in sich, in Erde, Blut und Stamm verhaftet ruht) der ganzen Welt zugewandt und allen ihren Erscheinungen lebendiger Spiegel zu sein. Diesen Zug ins Universale, dieses Weltsein inmitten der Welt, vielfach tätig und allen Formen nachbildnerisch aufgetan, hat Goethe in einziger Gestalt Deutschland vorgelebt: Nichts aber wäre irriger, als ihn, weil den Gewaltigsten, den Umfassendsten, als eine Einmaligkeit dieser Weltform zu nehmen. Im Gegenteil, er prägt nur, weil von sprachlich edlerem Metall und von größerer Wucht des Wesens, jenen Zug ins Universale vorbildlich aus, der vielen Menschen und insbesondere den Deutschen, eben jenen »weltseitigen Deutschen«, eingeboren ist und da sich vielfältig bloß in stilleren Formen, in anonymeren Werken, oft nur in ihrer privaten Existenz verwirklicht. Meist ist kein anderes Kennzeichen dieser weltseitigen Wesensart erkenntlich als das stille, kreishafte, ebenmäßig wachsende Werden ihrer Persönlichkeit und ihres Werkes, dies allmählich Welt-Werden eines innern Kernes: Aber was solche Menschen beginnen, ist tingiert von jener geheimnisvollen Art der stillen, geduldig sich dehnenden Schichtung; und was sie schaffen, hat jene wie einen Mantel groß um sich geschlagene Weite des Alls, den unsichtbaren Luftraum. Das Gesetz aber, das ihre Art bedingt, wirkt sich stufenhaft in ihrer Tätigkeit eigentümlich fort. All das, was wir »Kultur« und »Bildung« neumodisch und oft provokatorisch benennen, war längst in jenem klaren Worte Jean Pauls schweigend subsumiert: Trieb dem All entgegen, Wille, aus einem einzelnen Wesen eine Welt zu werden und alles Tun mit diesem gesteigerten Anspruch zu erfüllen.

Sehen wir nun inmitten der deutschen verwirrten Zeit ein Gebilde wie den *Insel-Verlag*, das im höchsten Sinne diese Forderung der Weltseitigkeit erfüllt, das hinabgreift in den dunkelsten Ursprung der Sprachzeit, von der Klassik bis in die Gegenwart seinen Bogen spannt, das in allen erdenklichen Formen der Verschwendung und der Einfachheit die Natur spiegelt, das wahrhaft ein Orbis literarum ist, ohne aber einen bestimmten konstruktiven Plan zu materialisieren, ein theoretisches Programm zu erfüllen, so müssen wir diese lebendige Form notwendigerweise als Wesensspiegelung eines Menschen empfinden, eines solchen »weltseitigen Deutschen«, der sich hier in einem Werke zu höchster Verwirklichung gebracht hat. Und wenn wir nun erinnernd die Bildniszüge des bewährten Führers, wenn wir das Charakterhoroskop *Anton Kippenbergs* überprüfen, so finden wir tatsächlich jene innere Schichtung in selten klar und energisch ausgeprägter Form. Kein einzelner Neigungszug ist herrschend oder sonderlich präponderand in seinem Tun, alle Fähigkeiten sind in einem gewissen Einklang entwickelt. Auf einem sichern Bildungsfundament, zementiert aus den alten Sprachen, ergänzt durch die neuen, ausgewogen durch Musik, wachsen diesem Manne die verschiedenartigsten Möglichkeiten entgegen, deren jede er durch Vereinzelung des Willens zu außerordentlicher Erfüllung gebracht hätte. Der Künstler ist in ihm stark vorgebildet, dichterische Anfänge sind vielfach eingepflanzt. Der Gelehrte ist durch Neigung

und Begabung durchaus bereit: ein wenig Ein-
schränkung im Weltwirken, ein wenig Beschei-
dung in der Aufgabe, und Kippenberg wäre
heute einer unserer führenden Germanisten,
Meisterphilologe, so wie er gleichsam privat einer der besten Goethephilologen geworden ist.
Klarsinn wiederum und energische Bereitheit
des Entschlusses prädestinieren den Kaufmann
in ihm, den Organisator großen Stils, somit
die Wirkung in das Öffentliche und selbst Po-
litische, während das Sammlerische, das Biblio-
phile andererseits eine ganz private, ganz in sich
gezogene Existenz hätte formen können. Die
eingeborene Neigung zum Universalismus nun,
zur Weltseitigkeit hat alle diese Möglichkeiten
organisch gebunden zu einer Gesamtheit, die
eben nur im Werke sichtbar ward, in der außer-
persönlichen Gestaltung. Nicht sprunghaft sind
die einzelnen Neigungen einander vorangegan-
gen, sich überholend und ersetzend, sondern in
ruhiger Gleichmäßigkeit, in einem organischen
Wachstum haben sie sich allmählich verbunden
und der Persönlichkeit ihre Breite gegeben. Darum ist auch Kippenberg eigentlich erst spät in
sichtbare Erscheinung getreten; ein, beinahe
zwei Jahrzehnte wussten nur ganz wenige von
dem Manne, der den Insel-Verlag gestaltete, so

sehr war sein Profil verschattet, so sehr er ganz unsichtbar in das Wirken eingegangen. Und nun sein Wesen sichtbar wird, geschieht es nicht durch seinen Willen, sondern durch sein Werk.

Kreishaftes, ruhiges kristallinisches, vom Mittelpunkt aus gleichmäßig vordringendes Wachstum, dem Ringansetzen des Baumstammes vergleichbar: Diesen – nach meinem Empfinden entscheidenden – Zug hat erst Kippenberg der Insel aufgeprägt oder besser gesagt: eingelebt. Die Kreisform war zwar von Anbeginn dem Verlage eingebaut, aber dieser Kreis umschloss, als er den Verlag übernahm, nur eine bestimmte erlesene Enge, war ein starrer Ring, ein metallener Ring, der das Wachstum verschloss, seine Form also eigentlich antiuniversal, antipopulär, streng eklektisch und abweisend, in Form und Inhalt der rechte »tour d'ivoire«, der elfenbeinerne Turm, zugänglich nur den Eingeweihten und den Begüterten. Er umschloss nur eine Spanne Zeit, ein siebenfach gesiebtes Stück neuzeitlicher Erde, er war, wie der Name glücklich sagte, als ein Begrenztes abgeschieden von der lebendigen Flut. Niemand wird heute die Schönheit, die Notwendigkeit jener ursprünglichen Isolierung verkennen, jene musterhafte Tradition der Sauberkeit und Zucht, die da vorgebildet und später dem ins Weite wachsenden Unternehmen unendlich heilsam wurde. Aber die Kunst war in Gefahr, durch die Absonderung von dem Volke, von der Zeit zur Künstlichkeit zu verdünnen, in dem luftleeren gesperrten Raume zu petrifizieren und das Fruchthafte der Verwandlung einzubüßen. Irgendetwas Steriles war in dieser ursprünglichen Idee der Insel, ein Unorganisches, Antiuniversales, es musste ein lebendiger Mensch kommen, um mit seinem Leben die Idee erst wahrhaft zu verlebendigen.

Das Erste, das Wesentlichste, das Kippenberg damals tat, war, dem vorgebauten Kreise einen Mittelpunkt zu finden, eine Urzelle voll lebendiger, zeugender Keimkraft. Und das gelang ihm, indem er *Goethe* in den Mittelpunkt des Verlages stellte, ihn, den ausstrahlendsten, unerschöpfbarsten, keimträchtigsten Genius unserer deutschen Welt. Damit schien scheinbar der Zeiger der Zeit zurückgerückt, der Verlag entmodernisiert. In Wahrheit aber ist dieser Goethe, den die Insel offenbarte, das neueste und gegenwärtigste Element der deutschen Bildung geworden, und es ist nicht zu viel gesagt, wenn man behauptet, er sei erst durch sie zu seiner wahren Wirksamkeit in unsere deutsche Zeit gelangt. Es ist schwer, Imponderabilien zurückzukonstruieren, Atmosphäre historisch zu erneuern, und schwer darum, einer gegenwärtigen Generation gewärtig zu machen, wie wenig eigentlich von Goethe und vor allem welcher andere Goethe der vorigen Generation bekannt gewesen ist. Einzelne der Insel-Ausgaben wirkten auf die ganze Nation durch die neue Darbietung als Entdeckung: Die Briefe von Goethes Mutter, vormals eine Philologenangelegenheit, wurden plötzlich Volksbesitz, die Gedichte, in der chronologischen Anordnung einander neubewusst zur Biographie ergänzend, eine gänzlich neue Fülle, der Faust, früher nur in »Reclam« gelesen, in der Dreiform seiner Entstehung für Hunderttausende ein Ereignis, und in der Gesamtausgabe wurde plötzlich der ganz neue Goethe, der – ich muss es immer wiederholen – weltseitige Goethe als Erscheinung, als reinstes deutsches Lebenskristall durchleuchtend im Licht seines eigenen Wesens sichtbar. Mit einem Mal war der falsch populäre, der Schulgoethe vernichtet und der unendliche allen (den Ärmsten sogar in der billigsten Ausgabe des deutschen Buchhandels) aufgetan. Der Ring war gesprengt, der Kreis war Leben geworden, das Wachstum ins Universale hatte begonnen durch die universalste aller Persönlichkeiten.

Damit war ein Zentrum gewonnen, ein Zentrum neuen lebendigen Lebens. Aus innerer Notwendigkeit mussten sich dem Meister die nachbarlichen Gestalten anreihen. Eine Klassiker-Ausgabe nach der andern formte sich an, manche ähnliche Umwertung tätigend durch ihre neue, reine und musterhafte Existenz, so vor allem jene Stifters, durch die erst den Deutschen bewusst wurde, dass einer das Spracherbe Goethes als verborgenes Pfand durch vergessene Jahre gehütet, jene Büchners, der aus ungerechter Verschollenheit wieder zu Ehren kam, und so manchen stilleren Geistes und verlorenen Werks, das wieder in die deutsche Welt fand. Diesem fruchtenden Ringe deutscher Meisterschaft schloss sich bald ein weiterer an, hinausgreifend in die Fremde, in die geistige Nachbarwelt: die großen Gesamtausgaben der Werke von *Dostojewskij, Cervantes, Balzac, Dickens, Tolstoi,* keiner dem andern bewusst zur Seite gestellt, sondern einer den andern gleichsam als notwendig zu sich heranfordernd. So baute und baut (denn dieser Parthenon hat unzählige Säulen) sich allmählich ohne bestimmte Architektonik, nur aus dem immanenten Gesetz der Keimkraft, Gestalt an Gestalt im vollen Umriss ihres Wesens, eine Klassikergemeinschaft, die keine äußere Uniform bindet, keine Zahl wie eine Kompanie abgrenzt, sondern die sich selbst aus den Jahren formt und bildet, immer mehr Kosmos, immer mehr geistiges Weltall in ihrer Einheit spiegelnd.

Inzwischen hatten sich, kristallinisch anschließend, andere Gruppen zusammengefunden, viele einzelne Kreise, je nach ihrer inneren Triebkraft und der Empfänglichkeit der Stunde rascher oder langsamer gedeihend. Es wäre zu viel, sie alle zu nennen: Das dunkle, im Schatten mittelalterlicher Gläubigkeit verschattete Denken der deutschen Mystiker überwölbt *Der Dom*, das bildnerische Werk der deutschen Maler schließen die *Deutschen Meister* zusammen, die *Bibliothek der Romane* zeigt die Epik in allen ihren Meistern, die erlesenste Leistung der Buchkunst, des Faksimile, offenbaren die einzelnen Serien der Drucke. Eines wächst neben dem andern, ohne ihm den Boden wegzuzehren, und so wird allmählich die Insel wirklich universal, aus allen Völkern, Zeiten, Geschlechtern und Künsten Wiedergabe bietend; »Orient und Okzident sind nicht mehr zu trennen«: Goethes Wort wird Wahrheit, vom stammelnden Urwort der Edda bis zum Krampf der Jüngsten, die Sprache noch einmal zu gebären, wogt in Urlaut und getöntem deutschen Nachklang die unendliche Melodie des Wortes, aus dem die Welt sich ewig neu erbaut.

Wie aber die Fülle da ist, wird diese Welt der Welt zurückgegeben. Die *Inselbücherei*, die billigste Bibliothek, schenkt, was an Kostbarstem in Jahren gespart und gesammelt ward, an die Millionen: Hier beginnt der Insel-Verlag, der aristokratisch angefangen und es im Sinne der Haltung bis heute geblieben ist, durch die Tat demokratisch zu werden. Aus dem elfenbeinernen Turm ist die ganze deutsche Erde geworden, in jeder Furche, in jedem Haus ruht nun irgend so ein farbiges Korn, ein solches Inselbändchen: Zur Universalität des Gestaltens ist jetzt auch die Universalität der Wirkung gekommen, das Erfassen nicht nur des einzelnen Lesers, sondern der ganzen großen deutschen Gesamtheit. Aber noch weiter spannt sich der Ring: In der *Bibliotheca mundi*, der *Pandora*, den *Libri librorum* lässt die Insel die fremden Sprachen selbst sprechen, in französischen, englischen, lateinischen, griechischen, spanischen, hebräischen, italienischen Dichtungen gibt sie der Welt gestaltet wieder, was sie empfangen. Der Wille zur Welt, der Universalismus, hat darin weiter, als jemals ein deutscher Verlag es versucht, seine umfassendste Form gefunden und gleichsam als Symbol dieser Allbereitschaft ediert sie Bachs *Matthäuspassion*, also Musik, die Sprache über den Sprachen, verständlich jedem Kulturkreise. So wird aus Ring und Ring immer weitere Umfassung, Weiterwirkung ohne erzwungenes Ende, denn noch unendlich sind die Schätze der Vergangenheit, und mit Vergangenem entfaltet sich gleichzeitig die Zukunft: Des Schaffens ist kein Ende mit den Dichtern von einst:

>»denn der Boden zeugt sie wieder,
wie von je er sie gezeugt.«

Ein wahres Weltbild kann nie beschlossen werden, weil die Welt nicht innehält. Wer sich an ihr bildet und sie sich zum Gleichnis schafft, kennt darum kein Stillstehen: Jedes Ende formt sich zu neuem Beginn, jeder Kreis strahlt sich wirkend fort in vervielfachter Welle. Der Trieb zur Universalität bleibt der einzig unerschöpfliche eines Menschen wie eines Werkes, und solang er in der Insel schöpferisch fortwirkt, wird ihr Dasein nicht ein bloßes Sein, sondern ein fortgestaltendes Werden bleiben.

Diesen Wesenszug dankt meinem Gefühle nach die Insel der Persönlichkeit Anton Kippenbergs, dem eigentümlich Bindenden und Universellen seines Typus, und die Wiederholung der gleichen Fortwirkung seines Wesens in anderer, in privater Materie bestätigt sinnfällig diesen Zusammenhang. Ich meine damit seine Sammlung, die – typisch genug – den universellsten Menschen, den weltseitigsten zum Gegenstande hat, Goethe. »Einen Einzigen verehren«, steht auf dem Widmungsblatt seines Kataloges zitiert; so möchte man meinen, hier habe der sonst universal Wirkende sich vereinzelt, sich spezialisiert. Aber gerade die Sammlung zeigt dieselbe kristallinische, kreisbildende Form wie das Verlagswerk, das gleiche Überwachsen ins Welthafte, denn nicht der Mensch Goethe ist in ihr sammlerisch-sichtbar gestaltet (wie in den meisten früheren dieser Art), sondern die Welt Goethes, wie sie sich in Buch und Schrift, in Bild und Plastik, in Erinnerung und Umgebung kundtat. Es ist ein Kreis Weimar darin, ein Kreis Faust, Einzelwelten seiner Welt, ein ganzes Jahrhundert, ein ganzer Kreis Deutschland, eine Atmosphäre, eine besondere Geistessphäre, eine Epoche – kaum ward je eine Sammlung universalistischer geführt bei gleichzeitig dokumentarischer Sicherheit. Auch hier ist Form und Inhalt – oder nach des Meisters Formel »Kern und Schale« – unlöslich gebunden, »beides in einemmal«, wirklich wahrhaft welthaft, organisch, ein Spiegel seines andern Wirkens im höchsten magischen Zeichen, und man darf dies keinen Zufall nennen. Denn hier hat ein durchaus privater Mensch das, was an Goethe nicht Genius, nicht Unmittelbares, sondern Norm und Weltlehre war, ganz in sein Leben aufgenommen und in Tätigkeit umgesetzt, hier ist das Praktisch-Schauende, Ordnend-Wirkende seines irdischen Tuns, das im reinsten Sinne Organisch-Bildende nachbildend bewährt: Neben Weimar hat Goethe heute kein gleiches Sinnbild seines Lebens als diese einzige und im wahrsten Sinne mustergültige Sammlung.

Zum ersten Mal tritt heute nun dieser Mann sichtbar gegen die geistige Welt, gegen das Deutschland, dem er so vieles gegeben, zum ersten Mal tritt er hinter dem Werke hervor, das sein Wesen gleichzeitig offenbart und verbirgt. Seine Leistung ist nicht mehr von seinem privaten Leben abzulösen, eins hat sich am andern gesteigert und erfüllt: Möge nun in manchem wachsenden Jahresring Werk und Wesen seinem letzten unerreichbaren Ziele, der Universalität, weiter entgegenwirken! »Uns zu verewigen, sind wir ja da.«

Joseph Roth
Ansprache zur Trauerfeier
(1939)

Abschiednehmen, diese schwere und bittere Kunst zu erlernen, haben uns die letzten Jahre reichlich, ja überreichlich Gelegenheit geboten. Von wie vielem und wie oft haben wir Ausgewanderte, Ausgestoßene Abschied nehmen müssen, von der Heimat, von dem eigenen gemäßen Wirkungskreis, von Haus und Besitz und aller in Jahren erkämpften Sicherheit. Wie viel haben wir verloren, immer wieder verloren, Freunde durch Tod oder Feigheit des Herzens, und wie viel Gläubigkeit vor allem, Gläubigkeit an die friedliche und gerechte Gestaltung der Welt, Gläubigkeit an den endlichen und endgültigen Sieg des Rechts über die Gewalt. Zu oft sind wir enttäuscht worden, um noch leidenschaftlich überschwänglich zu hoffen, und aus Instinkt der Selbstbewahrung versuchen wir, unser Gehirn dahin zu disziplinieren, dass es wegdenke, rasch hinüberdenke über jede neue Verstörung und alles, was hinter uns liegt, schon als endgültig abgelöst zu betrachten. Aber manchmal weigert sich unser Herz dieser Disziplin des raschen und radikalen Vergessens. Immer, wenn wir einen Menschen verlieren, einen der seltenen, die wir unersetzlich und unwiederbringlich wissen, fühlen wir betroffen und beglückt zugleich, wie sehr unser getretenes Herz noch fähig ist, Schmerz zu empfinden und aufzubegehren gegen ein Schicksal, das uns unserer Besten, unserer Unersetzlichsten vorzeitig beraubt.

Ein solcher unersetzlicher Mensch war unser lieber Joseph Roth, unvergessbar als Mensch und für alle Zeiten durch kein Dekret als Dichter auszubürgern aus den Annalen der deutschen Kunst. Einmalig waren in ihm zu schöpferischem Zwecke die verschiedensten Elemente gemischt. Er stammte, wie Sie wissen, aus einem kleinen Ort an der altösterreichisch-russischen Grenze; diese Herkunft hat auf seine seelische Formung bestimmend gewirkt. Es war in Joseph Roth ein russischer Mensch – ich möchte fast sagen, ein Karamasow'scher Mensch –, ein Mann der großen Leidenschaften, ein Mann, der in allem das Äußerste versuchte; eine russische Inbrunst des Gefühls erfüllte ihn, eine tiefe Frömmigkeit, aber verhängnisvollerweise auch jener russische Trieb zur Selbstzerstörung. Und es war in Roth noch ein zweiter Mensch, der jüdische Mensch mit einer hellen, unheimlich wachen, kritischen Klugheit, ein Mensch der gerechten und darum milden Weisheit, der erschreckt und zugleich mit heimlicher Liebe dem wilden, dem russischen, dem dämonischen Menschen in sich zublickte. Und noch ein drittes Element war von jenem Ursprung in ihm wirksam: der österreichische Mensch, nobel und ritterlich in jeder Geste, ebenso verbindlich und bezaubernd im täglichen Wesen wie musisch und musikalisch in seiner Kunst. Nur diese einmalige und nicht wiederholbare Mischung erklärt mir die Einmaligkeit seines Wesens, seines Werkes.

Er kam aus einem kleinen Städtchen, ich sagte es, und aus einer jüdischen Gemeinde am äußersten Rande Österreichs. Aber geheimnisvollerweise waren in unserem sonderbaren Österreich die eigentlichen Bekenner und Verteidiger Österreichs niemals in Wien zu finden, in der deutschsprechenden Hauptstadt, sondern immer nur an der äußersten Peripherie des Reiches, wo die Menschen die mild-nachlässige Herrschaft der Habsburger täglich vergleichen konnten mit der strafferen und minder humanen der Nachbarländer. In dem kleinen Städtchen, dem Joseph Roth entstammte, blickten die Juden dankbar hinüber nach Wien; dort wohnte, unerreichbar wie ein Gott in den Wolken, der alte, der uralte Kaiser Franz Joseph, und sie lobten und liebten in Ehrfurcht diesen fernen Kaiser wie eine Legende, sie ehrten und bewunderten die farbigen Engel dieses Gotts, die Offiziere, die Ulanen und Dragoner, die einen Schimmer leuchtender Farbe in ihre niedere, dumpfe, ärmliche Welt brachten. Die Ehrfurcht vor dem Kaiser und seiner Armee hat sich Roth also schon als den Mythos seiner Kindheit aus seiner östlichen Heimat nach Wien mitgenommen.

Noch ein Zweites brachte er mit, als er endlich nach unsäglichen Entbehrungen diese ihm heilige Stadt betrat, um dort an der Universität Germanistik zu studieren: eine demütige und doch leidenschaftliche, eine werktätig sich immer wieder erneuernde Liebe zur deutschen Sprache. Meine Damen und Herren, es ist hier nicht die Stunde, mit den Lügen und Verleumdungen abzurechnen, mit welchen die nationalsozialistische Propaganda die Welt zu verdummen sucht. Aber von all ihren Lügen ist vielleicht keine verlogener, gemeiner und wahrheitswidriger als diejenige, dass die Juden in Deutschland jemals Hass oder Feindseligkeit geäußert hätten wider die deutsche Kultur. Im Gegenteil, gerade in Österreich konnte man unwidersprechlich gewahren, dass in all jenen Randgebieten, wo der Bestand der deutschen Sprache bedroht war, die Pflege der deutschen Kultur einzig und allein von Juden aufrechterhalten wurde. Der Name Goethes, Hölderlins und Schillers, Schuberts, Mozarts und Bachs war diesen Juden des Ostens nicht minder heilig als der ihrer Erzväter. Mag es eine unglückselige Liebe gewesen sein und heute gewiss eine unbedankte, das Faktum dieser Liebe wird doch nie und niemals wegzulügen sein aus der Welt, denn sie ist in tausend einzelnen Werken und Taten bezeugt. Auch Joseph Roths innerstes Verlangen war von Kindheit an, der deutschen Sprache zu dienen und in ihr den großen Ideen, die vordem Deutschlands Ehre waren, dem Weltbürgertum und der Freiheit des Geistes. Er war nach Wien gekommen um dieser Ehrfurcht willen, ein gründlichster Kenner und bald ein Meister der Sprache. Eine umfassende Bildung, errungen und abgerungen zahllosen Nächten, brachte der schmale, kleine, schüchterne Student schon mit an die Universität, und ein anderes noch: seine Armut. Ungern hat Roth von diesen Jahren beschämender Entbehrung in späterer Zeit erzählt. Aber wir wussten, dass er bis zum einundzwanzigsten Jahre nie einen Anzug getragen, der für ihn selber geschneidert worden war, immer nur die abgetragenen, abgelegten von anderen, dass er an Freitischen gesessen, wie oft vielleicht gedemütigt und in seiner wunderbaren Empfindsamkeit verletzt, – wir wussten, dass er nur mühsam durch rastloses Stundengeben und Hauslehrerei das akademische Studium fortsetzen konnte. Im Seminar fiel er sofort den Professoren auf; man verschaffte diesem besten und blendendsten Schüler ein

Stipendium und machte ihm Hoffnung auf eine Dozentur, alles schien plötzlich herrlich für ihn zu werden. Da fuhr 1914 die harte Schneide des Krieges dazwischen, die für unsere Generation die Welt unerbittlich in ein Vorher und Nachher geschieden hat.

Der Krieg wurde für Roth Entscheidung und Befreiung zugleich. Entscheidung, weil dadurch für immer die geregelte Existenz als Gymnasialprofessor oder Dozent erledigt war. Und Befreiung, weil sie ihm, dem bisher ewig von andern Abhängigen, Selbständigkeit gab. Die Uniform des Fähnrichs war die erste, die ihm neu und eigens auf den Leib geschneidert wurde. An der Front Verantwortung zu tragen, das gab ihm, diesem unermesslich bescheidenen, zarten und schüchternen Menschen, zum ersten Mal Männlichkeit und Kraft.

Aber es war im Schicksal Joseph Roths in ewiger Wiederholung beschlossen, dass wo immer er eine Sicherheit fand, sie erschüttert werden sollte. Der Zusammenbruch der Armee warf ihn zurück nach Wien, ziellos, zwecklos, mittellos. Vorbei war der Traum der Universität, vorbei die erregende Episode des Soldatentums: Es galt eine Existenz aus dem Nichts aufzubauen. Beinahe wäre er damals Redakteur geworden, aber glücklicherweise ging es ihm in Wien zu langsam, und so übersiedelte er nach Berlin.

Dort kam der erste Durchbruch. Zuerst druckten ihn die Zeitungen bloß, dann umwarben sie ihn als einen der brillantesten, scharfsichtigsten Darsteller menschlicher Zustände; die *Frankfurter Zeitung* sandte ihn – dies ein neues Glück für ihn – weit in die Welt, nach Russland, nach Italien, nach Ungarn, nach Paris. Damals fiel uns dieser neue Name Joseph Roth zum ersten Mal auf – alle spürten wir hinter dieser blendenden Technik seiner Darstellung einen immer und überall menschlich mitfühlenden Sinn, der nicht nur das Äußere, sondern auch das Innere und Innerste von Menschen zu durchseelen verstand.

Nach drei oder vier Jahren hatte unser Joseph Roth nun alles, was man im bürgerlichen Leben Erfolg nennt. Er lebte mit einer jungen und sehr geliebten Frau, er war von den Zeitungen geschätzt und umworben, von einer immer wachsenden Leserschaft begleitet und begrüßt, er verdiente Geld und sogar viel Geld. Aber Erfolg konnte diesen wunderbaren Menschen nicht hochmütig machen, das Geld bekam ihn nie in seine Abhängigkeit. Er gab es weg mit vollen Händen, vielleicht weil er wusste, dass es bei ihm nicht bleiben wollte. Er nahm kein Haus und hatte kein Heim. Nomadisch wandernd von Hotel zu Hotel, von Stadt zu Stadt mit seinem kleinen Koffer, einem Dutzend feingespitzter Bleistifte und dreißig oder vierzig Blättern Papier in seinem unwandelbaren grauen Mäntelchen, so lebte er sein Leben lang bohèmehaft, studentisch, irgendein tieferes Wissen verbot ihm jede Bleibe, misstrauisch wehrte er sich jeder Bruderschaft mit behäbig-bürgerlichem Glück.

Und dieses Wissen behielt recht – immer und immer wieder gegen jeden Anschein der Vernunft. Gleich der erste Damm, den er sich gegen das Verhängnis gebaut, seine junge, seine glückliche Ehe, brach ein über Nacht. Seine geliebte Frau, dieser sein innerster Halt, wurde plötzlich geisteskrank, und obwohl er es sich verschweigen wollte, unheilbar und für alle Zeit. Dies war die erste Erschütterung seiner Existenz, und umso verhängnisvoller, als der russische Mensch in ihm, jener russische, leidenswütige Karamasow-Mensch, von dem ich Ihnen sprach, dies Verhängnis gewaltsam umwandeln wollte in eigene Schuld.

Aber gerade dadurch, dass er damals bis ins Innerste sich selbst die Brust aufriss, legte er zum ersten Mal sein Herz frei, dieses wunderbare Dichterherz; um sich selbst zu trösten, um sich selbst Heilung zu geben, suchte er, was sinnloses persönliches Schicksal war, umzugestalten in ein ewiges und ewig sich erneuerndes Symbol; sinnend und immer wieder nachsinnend, warum ihn, und gerade ihn, der niemandem etwas zuleide getan, der in den Jahren der Entbehrung still und demütig gewesen und sich in den kurzen Jahren des Glücks nicht überhoben, das Schicksal so hart züchtige, da mochte ihn Erinnerung überkommen haben an jenen andern seines Bluts, der mit der gleichen verzweifelten Frage: Warum? Warum mir? Warum gerade mir? sich gegen Gott gewandt.

Sie wissen alle, welches Symbol, welches Buch Joseph Roths ich meine, den *Hiob*, dies Buch, das man in eiliger Abbreviatur einen Roman nennt und das doch mehr ist als Roman und Legende, eine reine, eine vollkommene Dichtung in unserer Zeit und wenn ich nicht irre, die einzige, die alles zu überdauern bestimmt ist, was wir, seine Zeitgenossen, geschaffen und geschrieben. Unwiderstehlich hat sich in allen Ländern, in allen Sprachen die innere Wahrhaftigkeit dieses gestalteten Schmerzes offenbart, und dies ist inmitten der Trauer um den Hingeschwundenen unser Trost, dass in dieser vollkommenen und durch Vollkommenheit unzerstörbaren Form ein Teil des Wesens Joseph Roths gerettet ist für alle Zeiten.

Ein Teil von dem Wesen Joseph Roths, sagte ich, ist in diesem Werk für alle Zeit vor Vergänglichkeit bewahrt, und ich meinte mit diesem Teil den jüdischen Menschen in ihm, den Menschen der ewigen Gottesfrage, den Menschen, der Gerechtigkeit fordert für diese unsere Welt und alle künftigen Welten. Aber nun, zum ersten Mal seiner dichterischen Kraft bewusst, unternahm es Roth, auch den anderen Menschen in sich darzustellen: den österreichischen Menschen. Und abermals wissen Sie, welches Werk ich meine – den *Radetzkymarsch*. Wie die alte vornehme und an ihrer inneren Noblesse unkräftig gewordene österreichische Kultur zugrundegeht, dies wollte er in der Gestalt eines letzten Österreichers aus verblühendem Geschlecht zeigen. Es war ein Buch des Abschieds, wehmütig und prophetisch, wie es immer die Bücher der wahren Dichter sind. Wer in kommenden Zeiten die wahrste Grabinschrift der alten Monarchie wird lesen wollen, wird sich niederbeugen müssen über die Blätter dieses Buches und seiner Fortführung, der *Kapuzinergruft*.

Mit diesen zwei Büchern, diesen zwei Welterfolgen, hatte Joseph Roth sich endlich enthüllt und erfüllt als der, der er war, der echte Dichter und wunderbar wache Betrachter jener Zeit und ihr mild verstehender, gütiger Richter. Viel Ruhm und viel Ehre warben damals um ihn: Sie konnten ihn nicht verführen. Wie hellsichtig empfand er alles und wie nachsichtig zugleich, jedes Menschen, jedes Kunstwerks Fehler erkennend und doch verzeihend, ehrfürchtig vor jedem Älteren seines Standes, hilfreich gegen jeden Jüngeren. Freund jedem Freunde, Kamerad jedem Kameraden und wohlgesinnt auch dem Fremdesten, wurde er ein wirklicher Verschwender seines Herzens, seiner Zeit und – um das Wort unseres Freundes Ernst Weiß zu borgen – immer ein »armer Verschwender«. Das Geld floss ihm fort unter den Fingern; jedem, der etwas entbehrte, gab er in Erinnerung an seine einstigen Entbehrungen, jedem, der Hilfe brauchte, half er in Erinnerung an die wenigen, die ihm einstens geholfen. In allem, was er tat, was er sagte und schrieb, spürte man eine unwiderstehliche und unvergessliche Güte, ein großartiges, ein russisch überschwängliches Sich-selbst-Verschwenden. Nur wer ihn gekannt in diesen Zeiten, wird verstehen können, warum und wie unbegrenzt wir diesen einzigen Menschen geliebt.

Dann kam die Wende, jene fürchterliche für uns alle, die jeden Menschen umso unmäßiger traf, je mehr er weltfreundlich, zukunftsgläubig gesinnt war und im seelischen Sinne empfindlich –, also einen derart zart organisierten, derart gerechtigkeitsfanatischen Menschen wie Joseph Roth am allerverhängnisvollsten. Nicht dass seine eigenen Bücher verbrannt und verfemt wurden, sein Name ausgelöscht –, nicht das Persönliche also erbitterte und erschütterte ihn so sehr bis in die untersten Tiefen seines

Wesens, sondern dass er das böse Prinzip, den Hass, die Gewalt, die Lüge, dass er, wie er es sagte, den Antichrist auf Erden triumphieren sah, dies verwandelte ihm das Leben in eine einzige andauernde Verzweiflung.

Und so begann in diesem gütigsten, zarten und zärtlichen Menschen, für den Bejahen, Bestärken und durch Güte Befreunden die elementarste Lebensfunktion gewesen war, jene Wandlung ins Bittere und Kämpferische. Er sah nur eine Aufgabe mehr: alle seine Kraft, die künstlerische wie die persönliche, einzusetzen zur Bekämpfung des Antichrist auf Erden. Er, der immer allein gestanden, der in seiner Kunst zu keiner Gruppe und zu keinem Klüngel gehört hatte, suchte jetzt mit aller Leidenschaft seines wilden und erschütterten Herzens Unterkunft in einer kämpfenden Gemeinschaft. Er fand sie oder er meinte sie im Katholizismus und im österreichischen Legitimismus zu finden. In seinen letzten Jahren wurde unser Joseph Roth gläubiger, bekennender, alle Gebote dieser Religion demütig erfüllender Katholik, wurde er Kämpfer und Vorkämpfer in der kleinen und, wie es die Tatsachen erwiesen haben, recht machtlosen Gruppe der Habsburgtreuen, der Legitimisten.

Ich weiß, dass viele seiner Freunde und alten Kameraden ihm diese Wendung ins Reaktionäre, wie sie es nannten, verübelt haben und sie als eine Verirrung und Verwirrung angesehen. Aber so wenig ich selbst diese Wendung zu billigen oder gar mitzumachen vermochte, so wenig möchte ich mich anmaßen, ihre Ehrlichkeit bei ihm zu bezweifeln oder in dieser Hingabe etwas Unverständliches zu sehen. Denn schon vordem hatte er seine Liebe zum alten, zum kaiserlichen Österreich in seinem *Radetzkymarsch* bekundet, schon vordem dargetan in seinem *Hiob*, welches religiöse Bedürfnis, welcher Wille nach Gottgläubigkeit das innerste Element seines schöpferischen Lebens war. Kein Gran Feigheit oder Absicht oder Berechnung war in diesem Übergang, sondern einzig und allein der verzweifelte Wille, als Soldat zu dienen in diesem Kampf um die europäische Kultur, nebensächlich, in welcher Reihe und in welchem Rang. Und ich glaube sogar, dass er im Tiefsten wusste, lange vor dem Untergang des zweiten Österreich, dass er einer verlorenen Sache diente. Aber gerade dies entsprach dem Ritterlichen seiner Natur, sich dorthin zu stellen, wo es am unbedanktesten und am gefährlichsten war, ein Ritter ohne Furcht und Tadel, ganz hingegeben dieser ihm heiligen Sache, dem Kampf gegen den Weltfeind und gleichgültig gegen das eigene Geschick.

Gleichgültig gegen das eigene Geschick und sogar mehr noch – voll heimlicher Sehnsucht nach baldigem Untergang. Er litt, unser teurer verlorener Freund, so unmenschlich, so tierisch wild angesichts jenes Triumphs des bösen Prinzips, das er verachtete und verabscheute, dass er, als er die Unmöglichkeit einsah, dies Böse auf Erden aus eigener Kraft zu zerstören, sich selber zu zerstören begann. Um der Wahrheit willen dürfen wir es nicht verschweigen – nicht nur Ernst Tollers Ende ist ein Freitod gewesen aus Abscheu gegen unsere tollwütige, unsere ungerechte und schurkische Zeit. Auch unser Freund Joseph Roth hat aus dem gleichen Gefühl der Verzweiflung sich bewusst selber vernichtet, nur dass bei ihm diese Selbstzerstörung noch viel grausamer, weil um vieles langsamer sich vollzog, weil sie ein Selbstzerstören war Tag um Tag und Stunde um Stunde und Stück um Stück, eine Art Selbstverbrennung.

Ich glaube, die meisten von Ihnen wissen bereits, was ich jetzt andeuten will: Das Unmaß der Verzweiflung über die Erfolglosigkeit und Sinnlosigkeit seines Kampfes, die innere Verstörung durch die Verstörung der Welt hatten in den letzten Jahren diesen wachen und wunderbaren Menschen zu einem heillosen und schließlich unheilbaren Trinker gemacht. Aber denken Sie bei diesem Wort Trinker nicht etwa an einen heiteren Zecher, der lustig und schwatzfreudig im Kreise von Kameraden sitzt, der sich anfeuert und sie anfeuert zu Frohmut und gesteigertem Lebensgefühl. Nein, Joseph Roths Trinken war ein Trinken aus Bitternis, aus Sucht nach Vergessen; es war der russische Mensch in ihm, der Mensch der Selbstverurteilung, der sich gewaltsam in die Hörigkeit dieser langsamen und scharfen Gifte begab. Früher war der Alkohol für ihn nur ein künstlerischer Anreiz gewesen; er pflegte während der Arbeit ab und zu – aber immer nur ganz wenig – an einem Glase Cognac zu nippen. Es war anfangs nur ein Kunstgriff des Künstlers. Während andere zum Schaffen einer Stimulierung bedürfen, weil ihr Gehirn nicht genug rapid, nicht genug bildnerisch schafft, so brauchte er mit seiner ungeheuren Überklarheit des Geistes eine ganz zarte, ganz leise Vernebelung, gleichsam wie man einen Raum abdunkelt, um besser Musik zu hören.

Dann aber, als die Katastrophe hereinbrach, wurde das Bedürfnis immer dringlicher, sich stumpf zu machen gegen das Unabwendbare und gewaltsam seinen Abscheu vor unserer brutalisierten Welt zu vergessen. Dazu benötigte er mehr und mehr dieser goldhellen und dunklen Schnäpse, immer schärfere und immer noch bitterere, um die innere Bitterkeit zu überspielen. Es war, glauben Sie es mir, ein Trinken aus Hass und Zorn und Ohnmacht und Empörung, ein böses, ein finsteres, ein feindliches Trinken, das er selber hasste und dem er sich doch nicht zu entringen vermochte.

Sie mögen sich denken, wie uns, seine Freunde, diese rasende Selbstzerstörung eines der edelsten Künstler unserer Zeit erschütterte. Furchtbar schon, einen geliebten, einen verehrten Menschen neben sich hinsiechen zu sehen und ohnmächtig dem übermächtigen Verhängnis nicht wehren zu können und dem immer näher andrängenden Tod. Aber wie grauenhaft erst, mitansehen zu müssen, wenn solcher Zerfall nicht Schuld des äußeren Schicksals ist, sondern bei einem geliebten Menschen von innen her gewollt, wenn man einen innigsten Freund sich selber morden mitansehen muss, ohne ihn zurückreißen zu können! Ach, wir sahen ihn, diesen herrlichen Künstler, diesen gütigen Menschen, äußerlich wie innerlich in Nachlässigkeit fallen, deutlich und immer deutlicher stand schon das endgültige Fatum in seinen verlöschenden Zügen. Es wurde ein unaufhaltsamer Niedergang und Untergang. Aber wenn ich dieser seiner schrecklichen Selbstverheerung Erwähnung tue, geschieht es nicht, um ihm die Schuld zuzumessen – nein, Schuld trägt nur unsere Zeit an diesem Untergang, diese ruchlose und rechtlose Zeit, die Edelste in solche Verzweiflung stößt, dass sie aus Hass gegen diese Welt keine andere Rettung wissen, als sich selbst zu vernichten.

Nicht also, meine Damen und Herren, um das seelische Bildnis Joseph Roths abzuschatten, habe ich dieser seiner Schwäche Erwähnung getan, sondern gerade im Gegensinn, nur damit Sie nun doppelt das Wunderbare, ja das Wunder fühlen, wie herrlich unzerstörbar und unvernichtbar bis zum Letzten in diesem schon verlorenen Menschen der Dichter, der Künstler blieb. Wie Asbest dem Feuer, so trotzte die dichterische Substanz in seinem Wesen unbeschädigt der moralischen Selbstverbrennung. Es war ein Wunder gegen alle Logik, gegen alle medizinischen Gesetze, dieser Triumph des in ihm schaffenden Geistes über den schon versagenden Körper. Aber in der Sekunde, da Roth den Bleistift fasste, um zu schreiben, endete jede Verwirrung; sofort begann in diesem undisziplinierten Menschen jene eherne Disziplin, wie sie nur der vollsinnige Künstler übt, und keine Zeile hat Joseph Roth uns hinterlassen, deren Prosa nicht gesiegelt wäre mit dem Signum der Meisterschaft. Lesen Sie seine letzten Aufsätze, lesen oder hören Sie die Seiten seines letzten Buches, knapp einen Monat vor seinem Tode geschrieben, und prüfen Sie misstrauisch und genau diese Prosa, wie man einen Edelstein mit der Lupe untersucht –, Sie werden keinen Sprung finden in ihrer diamantenen Reinheit, keine Trübung in ihrer Klarheit. Jede Seite, jede Zeile ist wie die Strophe eines Gedichts gehämmert mit dem genauesten Bewusstsein für Rhythmus und Melodik. Geschwächt in seinem armen, brüchigen Leibe, verstört in seiner Seele, blieb er immer noch aufrecht in seiner Kunst, – in seiner Kunst, mit der er sich nicht dieser von ihm verachteten Welt, sondern der Nachwelt verantwortlich fühlte: Es war ein Triumph, ein beispielloser des Gewissens über den äußeren Untergang. Ich bin ihm oft schreibend begegnet an seinem geliebten Kaffeehaustisch und wusste: Das Manuskript war schon verkauft, er brauchte Geld, die Verleger drängten ihn. Aber mitleidlos, der allerstrengste und allerweiseste Richter, riss er vor meinen Augen die ganzen Blätter noch einmal durch und begann von neuem, nur weil irgendein winziges Beiwort noch nicht das rechte Gewicht, ein Satz noch nicht den vollen musikalischen Klang zu haben schien. Treuer seinem Genius als sich selber, hat er sich herrlich in seiner Kunst erhoben über seinen eigenen Untergang.

Meine Damen und Herren, wie viel drängte es mich noch, Ihnen zu sagen von diesem einmaligen Menschen, dessen weiterwirkender Wert selbst uns, seinen Freunden, in diesem Augenblicke vielleicht noch nicht ganz erfassbar ist. Aber es ist nicht die Zeit, jetzt für endgültige Wertungen und nicht auch, der eigenen

Trauer besinnend nachzuhängen. Nein, dies ist keine Zeit für eigene, persönliche Gefühle, denn wir stehen mitten in einem geistigen Krieg und sogar an seinem gefährlichsten Posten. Sie wissen alle, im Krieg wird bei jeder Niederlage einer Armee eine kleine Gruppe abgesondert, um den Rückzug zu decken und dem geschlagenen Heer die notwendige Neuordnung zu ermöglichen. Diese paar aufgeopferten Bataillone haben dann dem ganzen Druck der Übermacht möglichst lange standzuhalten, sie stehen im schärfsten Feuer und haben die schwersten Verluste. Ihre Aufgabe ist es nicht, den *Kampf* zu gewinnen – dafür sind sie zu wenige –, ihre Aufgabe ist einzig, *Zeit* zu gewinnen, Zeit für die stärkeren Kolonnen hinter ihnen, für die nächste, die eigentliche Schlacht. Meine Freunde – dieser vorgeschobene, dieser aufgeopferte Posten ist heute uns zugeteilt, uns, den Künstlern, den Schriftstellern der Emigration. Wir wissen selbst in dieser Stunde noch nicht deutlich zu erkennen, was der innere Sinn unserer Aufgabe ist. Vielleicht haben wir, indem wir diese Bastion halten, vor der Welt nur die Tatsache zu verschleiern, dass die Literatur innerhalb Deutschlands seit Hitler die kläglichste Niederlage der Geschichte erlitten hat und im Begriffe ist, aus dem Blickfeld Europas völlig zu verschwinden. Vielleicht aber – und lasst uns dies von ganzer Seele hoffen! – vielleicht haben wir diese Bastion nur so lange zu halten, bis hinter uns die Umgruppierung erfolgt ist, bis das deutsche Volk und seine Literatur wieder frei ist und abermals als eine schöpferische Einheit dem Geiste dient. Doch sei, wie dem sei – wir haben nicht nach dem Sinn unserer Aufgabe zu fragen, sondern jetzt jeder nur eines zu tun: den Posten zu halten, an den wir gestellt sind. Wir dürfen nicht mutlos werden, wenn unsere Reihen sich lichten, wir dürfen nicht einmal, wenn rechts und links die besten unserer Kameraden fallen, wehmütig unserer Trauer nachgeben, denn – ich sagte es eben – wir stehen mitten im Kriege und an seinem gefährdetsten Posten. Ein Blick gerade nur hinüber, wenn einer der Unsern fällt, – – ein Blick der Dankbarkeit, der Trauer und des treuen Gedenkens, und dann wieder zurück an die einzige Schanze, die uns schützt: an unser Werk, an unsere Aufgabe – unsere eigene und unsere gemeinsame, um sie so aufrecht und mannhaft zu erfüllen bis an das bittere Ende, wie diese beiden verlorenen Kameraden es uns vorausgezeigt, wie unser ewig überschwänglicher Ernst Toller, wie unser unvergesslicher, unvergessbarer Joseph Roth.

Stefan Zweig und seine
Welt von Gestern
Ein Nachwort von Bernd Schuchter

Weltbürger, Wanderer zwischen den Welten, Menschenfreund, Pazifist, Chronist des untergehenden Abendlands ... wenn es um Zuschreibungen geht, so bietet der Schriftsteller Stefan Zweig die eine oder andere Angriffsfläche. Ein anderes Bild: Man stelle sich Stefan Zweig in seinem Exil in Brasilien vor, verloren in einem Maisfeld, wie ihn Josef Hader im Erfolgsfilm *Vor der Morgenröte* dargestellt hat. Zweite Szene: seine Freude über einen von seinem brasilianischen Verleger zu seinem Geburtstag geschenkten Hund. Dritte Szene: das Ehepaar Zweig im Spiegel des Kleiderschranks am Tag ihres Todes, Stille. Eine Überdosis Veronal als Ausdruck der Verzweiflung angesichts der Menschheitsverbrechen der Nationalsozialisten, vor denen sich Zweig selbst im südamerikanischen Exil nicht sicher fühlte. Ein berühmter Abschiedsbrief, der mit den Worten endet: »Ich grüße alle meine Freunde! Mögen sie die Morgenröte noch sehen nach der langen Nacht. Ich, allzu Ungeduldiger, gehe ihnen voraus!«

Szenenwechsel. Am 30. Mai 1939 hält Stefan Zweig die Trauerrede auf seinen Freund Joseph Roth, der Tage zuvor im Café Tournon nach Erhalt der Nachricht vom Tod des gemeinsamen Freundes Ernst Toller zusammengebrochen war. Im Armenspital Hôpital Necker wurde er unzureichend versorgt, da dem Pflegepersonal nicht bekannt war, dass Roth ein schwerer Trinker war. Er starb kurze Zeit später, vermutlich an einer doppelten Lungenentzündung, verursacht durch den Alkoholentzug. Auch das verschweigt der Freund Zweig nicht, wenn er in seiner Trauerrede ein Loblied auf den rastlosen, zierlichen, gefühlsstarken Joseph Roth singt.

Er selbst ist da schon längst ein Heimatloser. Obschon Erfolgsschriftsteller, aus reichem Hause, irrt er bereits durch eine veränderte Welt. Volker Weidermann hat das in seinem Buch *Ostende* wunderbar feinfühlig beschrieben, ein letzter Sommer im belgischen Bad vor der großen Katastrophe. Selbst Joseph Roth ist in diesem letzten Sommer noch für einen Moment glücklich, als er mit der ebenso genialen wie versoffenen Irmgard Keun für einen Moment eine kurzfristige Liason eingeht. Stefan Zweig stellt sich den Freund als glücklich vor und schweigt. Seine Trauerrede ist ein beredtes Beispiel für *den* Stefan Zweig, der er geworden ist. Ein Weltschriftsteller, der sich nicht zu schade ist, für seine Freunde in die Niederungen des Alltags hinabzusteigen. Zweig, der Menschenfreund, der für jeden seiner Begleiter eine Ermunterung parat hat. Später wird er versuchen, so viele seiner Freunde wie möglich vor der Verfolgung durch die Nationalsozialisten zu retten, indem er ihnen Einreisevisa in die USA und andere Länder verschafft.

Eine andere Szene. Stefan Zweig als Sammler und Schöngeist. Schon früh legt er sich eine Autographensammlung zu in seiner Salzburger Zeit, ist Mitglied diverser Vereine, die sich um Originale und sonstige Preziosen kümmern. Auf Zweigs Anregung hin gründet Anton Kippenberg die bis heute berühmte Insel-Bücherei, in der Kostbarkeiten zu einem leistbaren Preis verkauft wurden. Unter dem Primat der Ästhetik, versteht sich. Zweigs Loblied auf seinen Verleger gerät bisweilen zu einem Loblied auf sich selbst, aber im Zentrum steht immer nur eines: die Literatur. Dieser hat sich Zweig verschrieben, mit Haut und Haar. Seine Boulevard-Romane, die ihm neben internationalem Renommee auch beträchtliche Tantiemen einbringen, täuschen nicht über seine Ansprüche hinweg.

Gerade die Essays, etwa über Joseph Fouché oder Erasmus von Rotterdam, festigen seinen Ruf, ein kluger Dichter zu sein. Und dennoch: noch bewundert er seinen Freund Joseph Roth für sein unfassbares Talent, dem seine Romane wie selbstverständlich aus der zunehmend zitternden Hand fließen. Sich selbst sieht er eher als Arbeiter, als akribischen Grübler, der sich seine Stoffe abquälen muss. Wie schreibt er in *Sinn und Schönheit der Autographen*: »Aber auch eine moralische Lehre an uns alle geht von solchen Blättern aus, denn großartig erinnern sie uns, dass die Werke, die wird als vollendete bewundern, nicht bloß gütige Geschenke des Genius an den Künstler waren, sondern Frucht mühsamer, strenger, aufopfernder Arbeit.«

Aber die Autographen: Zweig muss sie bei seinem Gang ins Exil fast vollständig zurücklassen, ein Teil wird verkauft, der Rest verschwindet im Nebel des Vergessens. Es ist viel, was Stefan Zweig auf der Flucht vor den Nationalsozialisten zurücklassen muss. Zuerst führt ihn sein Weg nach New York, später dann nach Brasilien. Und dort erst, bar jeder Zukunft, ist Zweig ganz bei sich und schreibt seine zwei wohl berühmtesten Bücher, allen Widerständen zum Trotz. Sein wunderbares Erinnerungsbuch *Die Welt von Gestern* und die vielleicht nocht berühmtere Erzählung *Schachnovelle*.

Für Stefan Zweig war es bis dahin ein langer Weg. Kosmopolit und Schriftsteller wird man nicht im Vorbeigehen. Natürlich war seine Freundschaft mit dem französischen Dichter Romain Rolland prägend, als sich die beiden im Ersten Weltkrieg als pazifistische Gegenpole zur allgemeinen Kriegsbegeisterung positionierten. Natürlich waren die antisemtischen Auslassungen der Zwanzigerjahre für den Juden Stefan Zweig nicht nur prägend, sondern auch bedrohlich. Die Salzburger Jahre waren für Zweig aber auch behaglich in seinem großbürgerlichen Wolkenkuckucksheim zwischen verschiedenen Buchprojekten und Autographen. Und dann Brasilien.

Schnitt. Es gab aber auch einen ganz anderen Stefan Zweig, der vielleicht weniger bekannt ist. Der Zweig, der sich in *Die Monotonisierung der Welt* über den Einfluss der USA und ganz generell über die modernen Medien auslässt; den Tanz, die Mode, das Kino, das Radio. Es scheint fast so, als würde hier jemand von gestern den Tand der neuen Zeit bejammern, dabei war Zweig zu diesem Zeitpunkt nur rund vierzig Jahre alt. Aber Zweig wäre nicht Zweig, wenn er nicht auch hier Widerstand leisten würde. Der *Monotonisierung* stellt er eine Utopie entgegen: »Hier, im ewig ungestalteten, immer wieder neu zu gestaltenden Element erwartet den Willigen auch heute in einer immer mehr mechanisch werdenden Zivili-

sation unendliche Vielfalt: Hier ist unsere Werkstatt, unsere ureigenste, niemals zu monotonisierende Welt.«
Dem ist nichts hinzuzufügen.

Zeittafel

1881
Stefan Samuel Zweig wird als Sohn des Textilfa-
brikanten Moritz Zweig und dessen Frau Ida
Brettauer in wohlhabende Verhältnisse geboren.
Die ersten Jahre vergehen zusammen mit seinem
Bruder Alfred ohne große Verwerfungen; der
Junge wird gut erzogen und ausgebildet.

1899
Matura am Gymnasium Wasagasse, anschließend
Inskribtion an der Universität Wien im Fach
Philosophie. Erste literarische Gehversuche, unter anderem im Feuilleton der *Freien Presse*, dessen Redakteur Theodor Herzl, der spätere Vater
des politischen Zionismus, zu einem Förderer
für Zweig wird.

1904
Nachdem im Jahr 1901 Zweigs erster Ge-

dichtband *Silberne Saiten* erschienen ist, legt der Jungautor mit der Novelle *Die Liebe der Erika Ewald* nach. Im gleichen Jahr publiziert er seine Doktorarbeit über Hippolyte Taine.

1914–1918
Freundschaft mit Émile Verhaeren, dem großen belgischen Dichter französischer Sprache, dem Zweig seinen Pazifismus während des Ersten Weltkriegs verdankte. Arbeit im Kriegsarchiv an der Heimatfront, einer Art Propagandaministerium, in dem viele Künstler wie u. a. Rainer Maria Rilke unterkamen und so die Kriegsjahre überlebten.

1920
Rege schriftstellerische Tätigkeit, unter anderem erscheint das Buch *Drei Meister: Balzac – Dickens – Dostojewski*. Das essayistische Werk Zweigs gewinnt an Raum. Umzug nach Salzburg, wo er das Paschinger Schlössl am Kapuzinerberg kauft. Das desolate Haus muss erst aufwändig umgebaut werden; nichtsdestotrotz wird es für eineinhalb Jahrzehnte das Domizil Stefan Zweigs. Heirat mit der geschiedenen Friderike Winternitz. Seinem Verleger Anton Kippenberg empfiehlt er die Entwicklung zahlreicher Buchreihen.

1927

Die Salzburger Jahre sind für Stefan Zweig ausgesprochen produktiv; seine Frau Friderike spricht davon, dass Zweig in dieser Zeit rund 200.000 Manuskriptseiten verfasst hat. *Die Sternstunden der Menschheit* erscheinen in der Insel-Bücherei, ebenso die Novellen-Sammlung *Verwirrung der Gefühle*.

1933

Mit der Machtübernahme der Nationalsozialisten in Deutschland können Stefan Zweigs Bücher in Deutschland nicht mehr erscheinen. Fortan publiziert Zweig im Wiener Verlag von Herbert Reichner. Seine Bücher werden auf die Liste verbotener Autoren aufgenommen und im Zuge der Bücherverbrennungen bei diversen Aktionen den Flammen übergeben.

1934

Nur wenige Tage nach dem Februaraufstand der Sozialdemokraten gegen den austrofaschistischen Ständestaat wird Stefan Zweigs Wohnung durchsucht; man vermutet bei ihm gehortete Waffen. Auch wenn an den Vorwürfen nichts dran ist, gerät der Feingeist Zweig in Panik. Zwei Tage später emigriert er nach London. Zurücklassen muss er seine umfangreiche Autographen- und Möbelsammlung sowie seine gut sortierte Bibliothek.

1938
Scheidung von Friderike und Heirat mit seiner langjährigen Sekretärin Charlotte Altmann.

1940–1942
Exil in Brasilien. Die letzten Werke entstehen. In der Nacht zum 23. Februar 1942 nehmen sich Zweig und seine Frau mit einer Überdosis Veronal das Leben, »aus freiem Willen und mit klaren Sinnen«, wie Stefan Zweig in seinem Abschiedsbrief schreibt. Im gleichen Jahr erscheint in einem Verlag in Buenos Aires seine *Schachnovelle*.